Tabla de contenido

Hora de las plantas

Ana cava un hueco en la tierra.

Materiales de la Tierra

La tierra

por Rebecca Pettiford

Bullfrog
en español

Ideas para padres y maestros

Bullfrog Books permite a los niños practicar la lectura de textos informativos desde el nivel principiante. Las repeticiones, palabras conocidas y descripciones en las imágenes ayudan a los lectores principiantes.

Antes de leer

- Hablen acerca de las fotografías. ¿Qué representan para ellos?
- Consulten juntos el glosario de las fotografías. Lean las palabras y hablen de ellas.

Durante la lectura

- Hojeen el libro y observen las fotografías. Deje que el niño haga preguntas. Muestre las descripciones en las imágenes.
- Léale el libro al niño o deje que él o ella lo lea independientemente.

Después de leer

- Anime al niño para que piense más. Pregúntele: Muchas plantas necesitan tierra para crecer. ¿Cómo ayuda la tierra a las plantas a crecer?

Bullfrog Books are published by Jump!
5357 Penn Avenue South
Minneapolis, MN 55419
www.jumplibrary.com

Library of Congress Cataloging-in-Publication Data is available at www.loc.gov or upon request from the publisher.

ISBN: 979-8-88524-832-7 (hardcover)
ISBN: 979-8-88524-833-4 (paperback)
ISBN: 979-8-88524-834-1 (ebook)

Editor: Katie Chanez
Designer: Emma Almgren-Bersie
Translator: Annette Granat

Photo Credits: ifong/Shutterstock, cover; Sofiia Tiuleneva/Shutterstock, 1; Serg64/Shutterstock, 3; VladGans/iStock, 4; Siam SK/Shutterstock, 5, 23br; Geri Lavrov/Getty, 6–7; stanley45/iStock, 8; greenaperture/Shutterstock, 9, 23tl; ThomasVogel/iStock, 10–11, 23bl, 23bm; laughIngmango/iStock, 12–13; blickwinkel/Alamy, 14–15; Roman Pyshchyk/Shutterstock, 16; Drop of Light/Shutterstock, 17; caia image/Alamy, 18–19; delobol/Shutterstock, 20–21; Valentina Razumova/Shutterstock, 22tl; Alex Staroseltsev/Shutterstock, 22tm; Kovaleva_Ka/Shutterstock, 22tr; Palo_ok/Shutterstock, 22bl; yevgeniy11/Shutterstock, 22bm; SeDmi/Shutterstock, 22br; J. Helgason/Shutterstock, 23tm; Sebastian Janicki/Shutterstock, 23tr; nito/Shutterstock, 24.

Printed in the United States of America at Corporate Graphics in North Mankato, Minnesota.

tierra

Esta es la capa superior del planeta Tierra.

Está hecha de rocas y minerales.

Las plantas necesitan
tierra para crecer.

Ana pone una planta
en la tierra.

planta

Llueve.

La tierra retiene
el agua.

9

raíces

Las raíces absorben el agua.

El agua ayuda a las plantas a crecer.

Los nutrientes en la tierra también las ayudan.

topo

Un topo cava.

Esto ayuda a la tierra.

¿Cómo?

Él coloca huecos
en ella.

El agua puede llegar
a las raíces.

Los animales necesitan plantas para vivir.

Los conejos las comen.

Los venados también las comen.

¡Nosotros también comemos plantas!

A las plantas de Ana
les crecen bayas.

¡Mmm!

¡Plantemos más!

fresa

Plantas que necesitan tierra

Casi todas las plantas necesitan tierra para crecer. ¿Cuáles son algunas de ellas? ¡Échales un vistazo!

manzana

maíz

zanahoria

trigo

flor

arroz

Glosario de fotografías

absorben
Atraen y retienen líquido.

capa
La parte de algo que está sobre o debajo de otra parte.

minerales
Sustancias en la Tierra que no vienen de los animales ni de las plantas.

nutrientes
Las sustancias que los seres vivos necesitan para vivir y crecer.

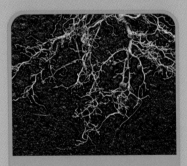

raíces
Las partes de las plantas que recogen agua y nutrientes bajo tierra.

tierra
La capa superior del planeta Tierra en donde las plantas crecen.

Índice

Para aprender más

Aprender más es tan fácil como contar de 1 a 3.

❶ Visita www.factsurfer.com

❷ Escribe "latierra" en la caja de búsqueda.

❸ Elige tu libro para ver una lista de sitios web.